더불어 살아가는
동물들의 사회

Les sociétés animales à petits pas
by Antonio Fischetti and illustrated by Cléo Germain

Copyright © Actes Sud, France, 2012
Korean translation copyright © Darim Publishing Co., 2013
This edition was published by arrangement with Actes Sud through THE Agency, seoul.

이 책의 한국어판 저작권은 더 에이전시를 통해 Actes Sud와 독점 계약한 도서출판 다림에 있습니다.
저작권법에 의해 한국 내에서 보호를 받는 저작물이므로 어떠한 형태로든 무단 전재와 무단 복제를 금합니다.

더불어 살아가는 동물들의 사회

안토니오 피셰티 글
클레오 제르맹 그림
박상은 옮김
권오길 감수

다림

■ 동물들의 사회로 떠나기 전에

더불어 조화롭게 살아가는 세상을 위해…

'개미는 왜 한집에서 모여 살까?'
'철새들은 왜 V자 모양을 이루며 날아갈까?'
'고양이는 왜 가르랑거리는 소리를 낼까?'
 누구나 한 번쯤 이런 의문을 품었던 적이 있을 것입니다. 『더불어 살아가는 동물들의 사회』에는 호기심 많은 어린이들이 궁금해할 만한 동물에 대한 여러 가지 질문의 답이 담겨 있습니다.

 깊은 바닷속에 사는 물고기에서 하늘을 날아다니는 새까지 다양한 동물의 특징을 재치 있게 표현한 그림을 보면서 책을 읽은 다음, 내용을 떠올리며 퀴즈를 풀어 보세요. 동물들의 생태와 사회생활에 대해 쉽고 재미있게 배울 수 있답니다. 흔히 알려진 것처럼, 나그네쥐는 떼를 지어 자살한다거나 코끼리는 죽을 때를 알고 스스로 무덤을 찾아간다는 근거 없는 이야기들에 대해 정확한 사실을 알려 줄 뿐 아니라, 세이마뿔딱총새우처럼 최근 학계에 보고된 동물까지 만날 수 있는 유익한 책이기도 합니다.

　다양한 동물들의 사회를 살펴보면서 인간의 사회와 비교하여 어떤 점에서 비슷하고 다른 점은 무엇인지 찾아보세요. 그리고 대자연의 구성원으로서 인간이 다른 동물과 더불어 조화롭게 살아가는 방법을 생각해 보면 어떨까요?

박상은

차례

동물의 사회생활 • 8
뭉쳐야 산다 • 10
위험을 알려라 • 12
먹이 구하기 • 14
다양한 사회의 모습 • 16

다르지만 어울려요 • 18
동물 가족 • 20
각인의 힘 • 22
지배자와 피지배자 • 24
수컷과 암컷 • 26

수컷들의 경쟁 • 28
수컷의 지위 • 30
동물들의 의사소통 • 32
동물들의 문화 • 34
협동의 이점 • 36

영역 표시하기 • 40
단체 여행 • 42
새들의 노래에 담긴 사회적 의미 • 44
새들의 공동체 • 46
도시에 사는 찌르레기 • 48

남극의 황제 • 50
개구리 콘서트 • 52
개미의 세계 • 54
농사짓는 개미 • 56
꿀벌의 일생 • 57

건축가 흰개미 • 58
거미의 사회생활 • 60
숲 속의 귀족, 사슴 • 62
사자의 한살이 • 63
코끼리 왕국 • 64

하이에나와 리카온 • 65
늑대의 울음소리 • 66
쥐의 대인 관계 • 67
벌거숭이두더지쥐의 계급 사회 • 68
농장의 동물들 • 70

개와 고양이 • 74
인간의 친척, 원숭이 • 76
동물로서의 인간 • 78

권오길 선생님이 들려주는 동물 이야기 • 82
동물 사회에 한 걸음 다가가는 퀴즈 • 93

동물의 사회생활

어떤 동물은 무리를 지어 살아가요. 일종의 사회인 셈이지요. 함께 살면 좋은 점이 많지만 서로 지켜야 할 약속도 있답니다.

단독생활과 집단생활

호랑이, 오랑우탄, 몇몇 거미들은 평소엔 혼자 살다가 짝짓기 때가 되면 모입니다. 이와 달리 개미나 침팬지는 항상 함께 생활해요.

함께하면 더 좋아요

무리를 지으면 여러 가지 이점이 있어요. 적의 공격으로부터 몸을 보호할 수 있고 먹이를 구하기도 쉽죠. 추위를 견디거나 새끼들을 키우기에도 유리해요.

정글의 법칙

함께 모여 살려면 규율을 지켜야 해요. 계급을 나누고 우두머리를 정해야 하죠. 서로 우두머리 자리를 차지하려고 싸우는 일도 종종 있답니다.

뭉쳐야 산다

동물에게 가장 중요한 일은 천적의 공격으로부터 자신을 지키는 거예요. 여럿이 함께 지내면 적이 나타났을 때 서로 도울 수 있어요.

적을 혼란에 빠트리는 방법

작은 물고기는 주로 무리를 지어 다녀요. 상어가 나타났을 때 정어리가 떼로 모여 있다면 상어는 어떤 정어리를 쫓아갈지 고민이 되겠죠? 이렇게 모여 있으면 적을 혼란에 빠트릴 수 있답니다. 물고기들은 무리 안에서 계속 자리를 바꿔요. 모두 가운데로 가려고 하기 때문이죠.

약자의 역습

카라신과에 속하는 작은 물고기들은 그냥 떼를 지어 다니는 것이 아니라 적극적인 방어를 해요. 큰 물고기가 공격하면, 커다란 덩어리 모양으로 적을 에워싸서 쩔쩔매게 만들지요.

• 크기가 작고 몸빛이 아름다우며 잉어와 비슷하게 생긴 열대어 종류예요.

사자와 가젤

사바나에 사는 가젤도 적을 혼란에 빠트리는 방법을 알아요. 여럿이 모여 있으면 혼자 있을 때보다 사자의 공격으로부터 더 안전하지요.

· 건기가 뚜렷한 사막과 열대 우림 중간에 있는 넓은 초원이에요. 세계 여러 곳에 있는데, 그중 아프리카 사바나가 가장 넓고 유명해요.

천적을 감시하라

여럿이 모여 있으면 누구 하나만 천적을 발견해도 모두 도망갈 수 있어요. 매에게 붙잡히는 비둘기의 80퍼센트 정도가 혼자 있다가 변을 당한다고 해요. 하지만 비둘기 10마리가 함께 있으면 매에게 잡힐 확률이 4분의 1로 줄지요.

나비의 협동 작전

남아메리카에 사는 작은집배원나비는 화려한 색의 날개를 드러내며 "나는 독이 있으니 잡아먹으면 안 돼." 하고 새들에게 경고를 해요. 여러 마리가 모여 있으면 더 무서워 보이기 때문에 혼자 있을 때보다 새에게 먹힐 위험이 적어요. 떼로 모여 강력하게 "우리를 먹지 말라"는 경고 메시지를 보내니까요.

위험을 알려라

위험한 상황에 처하면 동료에게 도망가라고 알려 주는 동물이 있어요.

새들의 경보음
새에게 가까이 다가가면 새들은 날카로운 울음소리를 내지요. 이 소리가 바로 경보음이에요. 들킬 위험을 무릅쓰고 다른 새들에게 도망가라고 알리는 거랍니다. 다른 새들을 위해 희생하는 거죠. 도망간 새는 다음에 위험이 닥쳤을 때 모두에게 알려 또다시 동료들의 목숨을 구할 거예요.

비행기 안전 대책
공항에서 새는 골칫거리예요. 새들이 가끔 비행기 엔진 속으로 빨려 들어가 사고를 일으키기 때문이지요. 사람들은 활주로에 있는 새들을 쫓아내려고 녹음한 새의 울음소리를 확성기로 틀어요. 과학자들은 컴퓨터로 새의 울음소리보다 더 긴급한 느낌의 경보음도 만들었지요.

보초 서는 미어캣
미어캣은 아프리카에서 사는 몽구스과의 작은 포유류예요. 보초 서는 동물로 유명하지요. 앞발을 들고 두 발로 서서 주위를 살피며 천적이 땅에서 나타났는지 하늘에서 나타났는지에 따라 다른 소리를 내요. 소리를 들은 동료 미어캣들은 뱀이 다가오면 나무로 올라가고, 독수리가 나타나면 굴속으로 들어가요.

말하는 원숭이

유인원 중에는 더 복잡한 신호를 사용하는 종이 있어요. 아프리카에 사는 캠벨모나원숭이는 여러 가지 소리를 내요. 인간이 여러 단어를 사용해서 말하는 것처럼 여섯 개의 신호를 조합해서 "조심해, 독수리가 보여."라든가 "나뭇가지가 떨어져." 혹은 "다른 원숭이 무리가 와."처럼 간단한 문장을 말한답니다.

비버의 꼬리

비버는 꼬리로 물장구를 쳐서 동료들에게 위험을 알려요.

꼬리로 보내는 신호

영양은 위험을 알리기 위해 꼬리를 번쩍 치켜들어 다른 영양들에게 하얀 엉덩이를 내보여요.

흰개미의 북소리

흰개미도 위험을 느끼면 무리에게 알려요. 머리를 땅에 세게 부딪쳐 진동으로 다른 흰개미에게 경고하죠. 땅속에 있던 흰개미들은 신호를 받자마자 비상사태를 선포하고 싸울 준비를 한답니다.

먹이 구하기

혼자보다 함께 먹이를 구하는 것이 훨씬 수월해요. 다른 무리와 먹이를 나눈다 해도 더 잘 먹을 수 있지요.

모이를 나눠 먹는 닭

닭은 모이를 발견하면 특별한 소리를 내서 다른 닭들을 불러요. 물론 혼자서 몰래 실컷 먹을 때보다 먹을 수 있는 양은 줄겠지요. 하지만 다음번엔 다른 닭이 모이가 있는 곳을 알려 줄 테니 결국 모두에게 이득이 되는 셈이에요.

잠수하는 갈매기

물고기를 잡으려는 새들이 각자 따로 공격하면 물고기들이 흩어져서 잡기 힘들겠죠? 갈매기는 여러 마리가 동시에 물고기 떼를 노리기 때문에 물고기가 도망치기 어렵답니다.

암사자의 사냥 기술

사자는 암컷이 사냥을 한답니다. 가젤 사냥을 할 때, 암사자 여럿이서 가젤 한 마리를 빙 둘러싸서 공격해요. 그러면 각각 다른 가젤을 쫓는 것보다 잡을 확률이 더 높아지죠.

다양한 사회의 모습

동물들이 사회를 이루는 방식은 여러 가지가 있어요. 어떤 동물은 서로를 신경 쓰지 않은 채 단지 모여서 살고, 어떤 동물은 엄격한 규칙을 지키며 살아간답니다.

동물들의 집단생활

홍합은 바위 위에 다닥다닥 모여 살아요. 그곳이 홍합이 살기에 좋은 환경이기 때문이에요. 홍합은 서로 특별한 관계를 맺는 게 아니라 그저 떼를 지어 산답니다. 돌 밑에 사는 작은 벌레인 쥐며느리도 마찬가지예요. 건조한 계절이 되면 습기를 유지하기 위해서 모여서 지내요.

동료가 좋아요

함께 있는 것을 좋아해서 모여 사는 동물들이 있어요. 이것을 집단생활이라고 해요. 바퀴벌레는 다른 바퀴벌레가 남긴 냄새를 맡고 동료들을 찾아가요. 하지만 바퀴벌레는 함께 지내는 걸 좋아할 뿐 사회적인 관계를 맺지는 않아요.

계급 사회

개미와 흰개미와 꿀벌의 사회는 계급이 정해져 있어요. 개미의 경우 여왕개미만 알을 낳고 일개미는 번식 능력이 없지요. 일개미들은 집을 짓거나 식량을 구하고, 공동체를 보호하는 역할을 담당해요.

애벌레 돌보기

암컷이 애벌레를 돌보는 곤충들이 있어요. 동물 사체를 먹고 사는 시식성 곤충이 대표적이죠. 암컷이 동물 사체를 집으로 가져가 애벌레에게 먹이로 줘요.

새우의 사회생활

해면동물에 구멍을 뚫고 사는 세이마뿔딱총새우는 곤충처럼 계급이 정해져 있어 여왕새우와 일새우로 나뉜답니다.

• 근육, 신경계, 소화계, 배설계가 따로 발달하지 않고 구조가 아주 단순한 동물이에요.

다르지만 어울려요

서로 다른 종류끼리 어울려 사는 동물들도 있어요. 도움을 주고받는 관계일 때는 '공생'이라 부르고, 한 동물이 다른 동물을 이용하는 경우는 '기생'이라고 불러요.

악어의 치과 의사

악어와 악어새는 공생 관계예요. 악어가 배고픈 악어새를 위해 입을 벌리면 악어새는 이빨 사이에 낀 찌꺼기나 기생충을 먹어 깨끗하게 만들어 줘요. 서로 도움을 주는 거죠. 악어새는 먹이를 얻고 악어는 치과에 갈 필요가 없어지니까요.

청소하는 물고기

청줄청소놀래기는 열대에 사는 작은 물고기인데 큰 물고기들의 비늘에서 먹을 것을 구해요. 큰 물고기들은 청줄청소놀래기가 기생충까지 잡아 주기 때문에 내버려 둔대요.

택시 기사와 경호원

소라게는 빈 소라 껍데기를 옮겨 다니며 사는 갑각류예요. 가끔 말미잘이 소라게가 사는 소라 껍데기에 달라붙는 경우가 있어요. 말미잘은 소라게를 적으로부터 보호해 주고 소라게는 말미잘을 태워 먹이를 찾으러 다닐 수 있게 해 주죠.

개미와 진딧물

개미는 진딧물을 만나면 진딧물 배에 있는 작은 돌기를 건드려요. 그러면 진딧물은 개미에게 맛있는 단물을 내주지요. 대신 개미는 진딧물이 무당벌레에게 공격받지 않도록 지켜주고요. 멋진 공생 관계지만 사실은 오해에서 비롯된 거예요. 개미는 서로 더듬이를 맞댄 후 음식을 교환하는데 진딧물도 개미라고 착각하는 거랍니다.

다양한 형태의 기생

기생은 자연에서 흔하게 볼 수 있어요. 다른 새의 둥지에 알을 낳는 뻐꾸기와 개의 피부에 붙어 피를 빠는 벼룩도 기생을 하는 동물이랍니다. 또한 사람의 내장에서 양분을 빨아 먹고 사는 기생충도 있어요.

동물 가족

사회생활은 새끼를 돌보는 것에서 시작돼요. 새끼를 돌보는 방법은 다양해요.

혼자서도 잘 커요

모든 동물이 새끼를 돌보지는 않아요. 대부분의 곤충들은 태어나서부터 혼자 알아서 커요. 뱀도 알을 내버려 두는 경우가 많아요. 새끼 뱀은 알을 깨고 나오자마자 독립적으로 살아가지요.

부모 밑에서 자라는 아이들

포유류는 암컷이 꽤 오랫동안 새끼들을 돌봐요. 새끼 사자는 두세 살까지 부모의 보호를 받으며 자라지요. 사람이 가장 오래 새끼를 돌본답니다. 스무 살 혹은 그 이후에도 부모와 함께 지내니까요.

동물 유치원

홍학이나 오리는 유치원처럼 일정한 장소에 새끼들을 모아서 키워요. 놀이 지도 선생님은 없지만 부모들이 당번을 서 가며 새끼들을 돌보는 건 똑같아요. 천적의 공격으로부터 새끼들을 보호하고 다른 부모들이 먹이를 찾을 시간을 준답니다.

알아보기

인간은 친한 사람을 쉽게 알아보지만 동물들은 저마다 달라요. 사슴은 자기 새끼도 못 알아보는 반면, 양은 서로를 잘 알아보죠. 어떤 동물은 냄새로 구별하고 어떤 동물은 소리나 머리 모양으로 알아봐요. 사회생활에서 알아보기는 아주 중요해요.

각인의 힘

동물은 갓 태어나서 처음으로 접한 모습이나 소리 혹은 냄새의 대상을 부모라고 생각하고 따르는 경우가 있어요. 이것을 '각인'이라고 불러요.

거위의 각인

각인은 1930년경에 생물학자 콘라트 로렌츠가 발견했어요. 거위들이 자신을 마치 엄마인 줄 알고 졸졸 따라다니는 것을 보고 발표한 이론이랍니다.

거위 길들이기

로렌츠의 주장에 따르면 새끼 거위는 처음으로 본 움직이는 대상을 엄마처럼 인지한다고 해요. 엄마 거위든 사람이든 공이든 상관없어요. 다 자란 뒤에도 각인을 일으킨 대상과 비슷한 모습에 매력을 느낀다고 해요.

다양한 종류의 각인

냄새 때문에 각인이 일어나기도 해요. 들쥐는 엄마의 젖 냄새를 평생 기억해요. 각인은 소리가 원인이 되기도 하는데, 닭은 알 속에서 들었던 소리를 기억한대요.

인간의 각인

인간도 각인을 일으키는 경우가 있어요. 아기 때 보고 들은 것이나 특별한 냄새에 매달리는 사람들이 있지요. 다행스럽게도 거위만큼 심하지는 않아요.

지배자와 피지배자

동물들의 사회는 서열에 따라 움직이는 계급 사회예요. 우두머리가 정해지면 나머지는 우두머리를 따라야 해요.

대장은 누구?

동물 사회에서 우두머리의 대부분은 수컷이고, 이 수컷들은 암컷보다 먼저 먹이를 차지해요. 하지만 모든 동물이 다 그런 건 아니에요. 코끼리 사회에서는 가장 나이 많은 암컷이 우두머리가 되거든요.

힘의 논리

보통 무리에서 가장 힘이 센 동물이 우두머리가 돼요. 우두머리가 되면 좋은 점이 많지만 우두머리 노릇이 쉽지는 않답니다. 우두머리 자리를 노리는 이들과 싸워야 하거든요.

공공의 질서를 위하여

서열이 있다는 건 피지배자들에게는 불행한 일이에요. 하지만 종족 전체로 보면 이로워요. 빈번히 싸우는 대신 정해진 서열을 지키기만 하면 되니 모두가 편하죠.

수컷과 암컷

동물 사회에서 짝짓기는 아주 중요해요. 그런데 꼭 암수가 한 쌍을 이루지는 않아요.

다양한 유형의 부부생활

수컷 한 마리와 암컷 한 마리가 평생 함께하는 것을 일부일처라고 불러요. 새들은 대부분 일부일처예요. 겉으로 보기에는요. 수컷 새가 바람을 피우는 경우가 있거든요. 또 암컷이 자신의 짝 몰래 다른 수컷을 만나는 일도 종종 있어요.

포유류의 일부다처제

포유류는 5퍼센트만이 일부일처예요. 비버와 늑대 같은 동물을 제외하고 대부분의 포유류는 한 마리의 수컷이 여러 암컷을 거느리고 사는 일부다처지요.

번식을 위한 선택

일부다처는 생물학적인 까닭이 있어요. 수컷은 번식 가능성을 높이기 위해 여러 짝을 만나는 거예요. 아빠가 될 수 있을지 확실하지 않으니까요. 반대로 암컷은 한 마리의 수컷만 있으면 임신할 수 있어요. 한 번 짝짓기를 한 뒤에 또 연애할 필요가 없는 거죠.

암컷의 역습

한 마리의 암컷이 여러 수컷과 짝짓기하는 것을 일처다부라고 해요. 동물의 세계에서도 간혹 그런 경우가 있어요. 마모셋원숭이는 주로 쌍둥이를 낳는데, 암컷 혼자서는 새끼를 돌보기 어려워 수컷들이 도와줘요.

다양한 짝짓기의 형태

보노보는 수컷이 여러 암컷과 짝짓기를 해요. 그뿐 아니라 수컷과 수컷, 암컷과 암컷이 짝을 이루는 경우도 있어요. 그러니까 일부다처, 일처다부, 동성애의 모습까지 보이지요.

위험한 관계

부모와 자식, 형제자매 등 가까운 사이에 짝짓기하는 것을 근친 교배라고 불러요. 근친 교배는 유전적으로 종에 이롭지 않아요. 그래서 근친 교배를 막기 위해 대다수의 동물은 어느 정도 성장하면 가족을 떠나지요.

수컷들의 경쟁

수컷들은 집단으로 구혼을 하기도 해요. 여럿이 모여 암컷을 유혹하기 위해 겉모습을 꾸미거나 소리를 내는데, 이 같은 집단 구혼을 '레크'라고 불러요.

뇌조의 공개 구혼장

닭의 친척뻘인 아프리카 들판에 사는 뇌조는 봄이 되면 수컷들이 한데 모여요. 그리고 꼬리를 쫙 펼쳐서 뽐내거나 마치 병마개 따는 듯한 소리를 내지요. 암컷은 공개 구혼에서 마음에 드는 수컷을 골라 짝짓기를 한답니다.

내 멋진 모래성, 봤어?

아프리카에 사는 물고기인 코파디크로미스 아주리우스 수컷은 암컷을 유혹하기 위해 1미터가 넘는 길이의 모래성을 만들어요. 가장 멋진 모래성을 쌓은 수컷이 암컷의 선택을 받지요.

수컷의 지위

수컷의 역할은 동물마다 달라요. 새끼를 키우는 수컷이 있는가 하면 새끼를 전혀 돌보지 않는 수컷도 있어요. 심지어 번식에 관여하지 않는 수컷도 있답니다.

아빠의 육아 일기
산파개구리 수컷은 알이 부화할 때까지 몇 주 동안 등에 알을 달고 다녀요.

활동적인 해마 부인
해마의 번식 과정은 사람과 정반대예요. 암컷이 수컷의 주머니에 알을 낳으면 수컷은 새끼가 부화할 때까지 키워야 해요.

독립적인 엄마

수컷 없이 새끼를 갖는 동물도 있어요. 이러한 경우를 '처녀 생식'이라고 해요. 사막에 사는 도마뱀 중에 처녀 생식을 하는 종이 있는데, 사막에서 상대를 찾기가 어려워 암컷 혼자 새끼치기를 하는 거랍니다.

동물들의 의사소통

사회생활을 하려면 무리에게 정보를 전달할 줄 알아야 해요. 동물들의 의사소통은 냄새나 동작, 소리를 통해 이루어져요.

소리로 인사하기

동물들은 보통 몸을 부딪쳐서 나는 소리로 인사를 나누어요. "어디 갔다 왔니?" 혹은 "너희와 함께라서 좋아. 날 떠나지 마." 이런 뜻이죠. 황새는 집에 돌아와 부리를 부딪쳐 인사해요. 청어는 밤이 되면 항문으로 공기 방울을 만들어 소리를 내요.

냄새로 말해요

곤충들은 주로 화학적인 신호를 사용해서 대화를 해요. 개미는 집 냄새를 맡아 길을 찾아가요.

몸짓으로 인사하기

늑대는 몸동작으로 의사를 표현해요. 우두머리는 권위를 과시하기 위해 꼬리를 추켜올리고 귀를 세우며, 위협을 느낀 늑대는 옆으로 누워 배를 드러내요. 이것은 "난

당신에게 복종해요, 당신 마음대로 하세요."라는 뜻이에요. 이렇게 함으로써 공격하던 상대 늑대를 진정시킬 수 있어요.

특별한 표지

동물들은 아주 작은 부분에 관심을 갖기도 해요. 금화조는 부리의 색으로만 새끼들을 알아봐요. 금화조 새끼의 부리는 검정이고 다 큰 새는 빨강인데, 새끼의 부리를 빨강으로 칠하면 아무리 울어도 먹을 것을 주지 않아요.

돌고래의 휘파람

돌고래는 휘파람 같은 소리를 내는데, 돌고래마다 소리가 다르답니다. 하지만 돌고래 두 마리가 만나면 서로 상대방의 소리를 흉내 내죠. "친구야 안녕, 너였구나."라는 뜻의 인사예요.

동물들의 문화

같은 종이라 하더라도 집단마다 다르게 행동하는 것을 문화적 행동이라고 불러요. 사람이 대화하거나 음악 활동을 하는 것처럼 동물도 문화적 행동을 해요.

발명과 모방

처음에 어떤 동물이 뭔가를 발명하면 다른 동물이 그걸 따라서 해요. 그걸 보고 또 다른 동물이 따라 하죠. 그런 식으로 무리 안에서 어떤 행동이 퍼지는 거예요.

씻어서 먹는 일본원숭이

일본의 코시마 섬에는 오랜 옛날부터 일본원숭이가 살고 있어요. 지금으로부터 약 50년 전에 과학자들이 이 섬에 사는 일본원숭이에게 고구마를 줬는데 어떤 암컷이 실수로 바다에 고구마를 빠뜨렸대요. 그러자 고구마에 묻은 흙이 깨끗하게 씻겨 먹기가 편했죠. 이 원숭이는 그 후 모든 고구마를 씻어서 먹었고 다른 일본원숭이들도 따라 했어요. 지금도 코시마 섬에 사는 일본원숭이들은 고구마를 씻어 먹어요. 바로 이런 행동이 문화적 행동이에요.

바닷속의 멜로디

수컷 고래는 짝짓기 철이 되면 노래를 불러요. 또 각기 다른 지방에서 온 고래들은 만나면 인사를 나누는데, 서로 소리를 주고받으면서 계속해서 다른 소리를 내요. 마치 즉석에서 소리를 맞춰 즉흥 연주를 하는 음악가들처럼요.

협동의 이점

단체 생활을 하려면 남을 위해 희생할 줄도 알아야 해요. 위험을 무릅쓰고 친구를 도와야 한답니다.

서로 씻어 주기

임팔라는 서로 목을 핥아 줘요. 몸에 붙은 벌레를 없앨 수 있고 친근감도 생기지요. 하지만 꼭 보답을 해야 해요. 상대의 목을 핥아 주었는데 아무런 보답을 받지 못했다면, 다음에는 절대 해 주지 않겠죠. 임팔라는 바보가 아니니까요.

동물들의 구급대원

한 침팬지가 공격당하면 다른 침팬지가 와서 도와준답니다. 돌고래도 서로 도와요. 상처 입은 돌고래가 있으면 그 주위로 다른 돌고래들이 마치 간호하듯 에워싸요.

코끼리의 죽음

코끼리는 죽을 때가 되면 무덤을 찾아간다는 말이 있어요. 하지만 증명된 것은 아니에요. 과학자들은 관찰을 통해 한 코끼리가 죽으면 다른 코끼리들이 둥그렇게 에워싼다는 사실을 알게 되었어요. 이때 코끼리들은 무슨 생각을 할까요? 그건 아무도 모르죠.

흡혈박쥐와 사랑의 식당

흡혈박쥐는 드라큘라 같은 무서운 괴물이 아니에요. 남아메리카에 사는 이 박쥐는 밤이 되면 소나 말의 피를 빨아 먹어요. 이름은 무시무시하지만 사실 아주 약한 동물이에요. 이틀 밤만 피를 못 먹어도 죽거든요. 이때 동료들이 도움을 줘요. 피를 먹지 못한 박쥐에게 다른 박쥐가 모은 피를 나누어 주는 거죠.

공동체를 위한 위장

개미는 위가 두 개나 있어요. 하나는 자신을 위한 것이고 또 하나는 공동체를 위한 위예요. 배고픈 개미는 먹이를 저장하고 있는 개미의 위에서 나온 음식을 받아먹어요.

흰개미의 희생

흰개미는 적이 다가오면 독성이 있는 액체를 뿜고 죽어요. 영웅이 되고 싶어서가 아니라 동료를 보호하기 위해 희생하는 것이지요.

유전자의 이점

동물들은 학습을 위해 서로 도움을 주어요. 특히 같은 유전자를 가진 형제자매나 사촌들을 잘 도와준답니다. 이것은 자신의 유전자가 살아남도록 하기 위해서예요. 결국 사람들이 말하는 이타주의와는 관계가 없는 거죠.

도토리 하나만 더 줄래?

도움을 주고, 도움을 받고

원숭이는 혈연관계가 아니더라도 서로 도울 때가 많아요. 사실 공짜는 아니에요. 오늘 다른 원숭이를 도우면 다음에 도움을 받을 수 있으니까요.

・남을 위해서 자신을 희생하는 태도를 말해요.

영역 표시하기

동물들은 한곳에 살거나 장소를 옮겨 다니며 살아요. 어떤 경우든 단체 생활에서 영역을 표시하는 것은 중요하지요.

오줌으로 영역 표시하기

많은 동물들은 냄새로 영역을 표시해요. 늑대는 나무에 오줌을 싸고 몸을 문질러요. 개들이 자동차 타이어에 오줌을 싸는 것도 영역 표시 방법 중 하나예요.

영역 지키기

아마존의 열대 우림에 사는 원숭이는 아침마다 먼 데까지 들리도록 아주 큰 소리로 울어요. 자신의 영역을 알리려고 이렇게 말하는 거랍니다. "이곳은 내 영역이니 침범하지 마!"

동물들의 경주

암소, 갈매기, 사자의 무리가 쉬고 있다가 갑자기 이동하는 장면을 떠올려 보세요. 누가 가장 먼저 움직일까요? 대장이라고요? 그렇지 않아요. 한 마리가 움직이면 파도타기처럼 옆에 있는 동물이 차례로 움직이는 거예요. 결국 모든 동물들이 한 마리를 따라 이동하게 되죠.

애벌레의 행진

애벌레는 길게 줄을 지어 이동해요. 한 군데서 모여 살던 수백 마리의 애벌레는 볕이 좋은 곳을 찾아 떠나거나 나비로 탈바꿈하기 위한 여행을 떠날 때면 길게 줄을 서지요. 마치 기차놀이를 하는 것 같아요. 앞에 가는 애벌레의 꼬리를 따라 몇 십 마리가 길게 줄을 지어 가기 때문에 일행을 놓칠 염려가 없답니다. 하지만 맨 앞에 있는 애벌레는 혼자서 길을 찾아야 해요.

단체 여행

수만 킬로미터를 이동하는 동물도 있어요. 이렇게 먼 길을 가야 할 때 단체 여행은 큰 도움이 되지요.

단체 여행의 장점

철새들은 여러 가지 방법으로 길을 찾아요. 지구의 자기장이나 태양과 별의 위치를 이용하는데, 뒤따라가는 새들이 선두에 선 새를 도와 방향을 잡지요. 여럿이 있으면 길을 찾기 수월해요. 또 경로에서 벗어난 새들도 재빨리 무리로 돌아올 수 있답니다.

메뚜기의 습격

아프리카에서 메뚜기의 대규모 이동은 농사에 큰 피해를 줘요. 메뚜기가 수천만 마리씩 떼를 지어 몰려다니거든요. 평소에 메뚜기는 혼자 다니고 별로 해롭지도 않아요. 그러나 한 지역에서 개체수가 너무 많아지는 경우처럼 특별한 상황이 되면 대규모로 이동한다고 해요.

누 떼의 이동

누 떼가 이동하는 모습은 정말 멋진 장면이에요. 수십만 마리의 누 떼가 풀이 많은 초원을 찾아 아프리카의 사바나 평야를 달리지요. 악어가 우글거리는 강도 거침없이 건넌답니다.

제왕나비 떼 구름

제왕나비 떼가 이동하는 모습은 마치 구름처럼 보여요. 제왕나비는 북아메리카와 멕시코 사이 4,000킬로미터 이상의 거리를 비행해요. 두 곳을 번갈아 날아다니는데, 제왕나비의 수명은 두 달밖에 안 되기 때문에 여행을 마치면 여러 세대가 바뀌어 있어요. 제왕나비는 그저 본능에 이끌려 가 본 적도 없는 곳으로 향하는 거예요.

나그네쥐의 자살 소동

나그네쥐는 노르웨이와 같은 스칸디나비아 반도에 서식하는 작은 설치류예요. 흔히 집단 자살을 한다고 알려졌지만 사실이 아니에요. 지나치게 왕성한 번식력이 문제인 거지요. 나그네쥐 한 쌍은 6개월 동안 100마리 이상의 새끼를 낳아요. 수가 너무 불어나 먹을 것이 없으면 대규모로 이동을 하는데 한꺼번에 많은 숫자가 움직이다 보니 지치기도 하고 사고가 나서 강에 빠지거나 절벽에서 떨어지는 거예요.

새들의 노래에 담긴 사회적 의미

새들은 즐거워서 노래하는 게 아니에요. 사회적 관계 때문이랍니다. 구애를 하거나 가족을 위해서 또는 위험을 알리려고 노래를 하지요.

암컷과 영역 표시

대부분의 새들은 짝을 이루고 살아요. 수컷이 노래를 하는 이유는 두 가지가 있는데 암컷을 유혹하거나 다른 수컷으로부터 자신의 영역을 지키기 위해서예요.

새들의 노래 교실

아기가 부모에게 말하는 것을 배우듯이 새들도 노래를 배워야 해요.

지역마다 달라요

새는 노래를 배울 때 주위의 소리를 흉내 내요. 사람들도 지역의 사투리가 있듯이 내륙에 사는 휘파람새와 제주 휘파람새는 다른 소리를 내지요.

소리를 들으면 안다

새들은 새로운 새가 나타나면 같은 지역 출신인지 아닌지 소리를 듣고 구분해요. 이때 다른 지역에서 온 새는 쫓겨날 수도 있어요. 새가 들으면 언짢겠지만 차별이 심한 동물이에요.

마나킨

마나킨은 중앙아메리카에서 살아요. 수컷은 암컷을 유혹하기 위해 서너 마리가 동시에 노래를 부르는데 호흡이 척척 맞아 마치 한 마리가 부르는 것처럼 들린답니다. 그런데 이득을 보는 것은 우두머리 수컷뿐이라고 해요. 나머지 새들은 그저 봉사하는 거예요.

새들의 공동체

새들은 보통 무리를 지어 살아요. 죽을 때까지 계속 무리 지어 살기도 하고 이동할 때나 잠잘 때만 모이기도 한답니다.

까마귀 둥지

겨울철 들판에 앉아 있는 까만 새들 중에는 떼까마귀와 갈까마귀가 섞여 있을 때가 많아요. 떼까마귀와 갈까마귀가 한데 모여 있으면 서로 닮아서 구분하기 어렵죠. 그러나 떼까마귀는 집단으로 둥지를 짓고 살지만 갈까마귀는 떼까마귀와 달리 혼자 지내요. 나무 꼭대기에 둥지들이 보이고 까만 새가 날고 있으면 그것은 갈까마귀가 아니라 떼까마귀예요.

배설물 산업

오랜 시간 동안 수많은 바닷새가 모여드는 섬이 있어요. 사실 이 섬은 새들의 배설물이 쌓여 생긴 거랍니다! 이것을 구아노라고 불러요. 딱딱하게 굳은 구아노가 엄청난 두께로 덮인 곳도 있어요. 구아노는 19세기까지 페루에서 비료로 판매됐어요.

야생 거위의 비행

야생 거위는 거대한 V자형 대열로 하늘을 날아요. 이런 모양으로 날아가는 이유가 있지요. V자 대열을 유지하면 공기의 저항을 줄일 수 있고, 바람이 불 때 서로 충돌하는 걸 막을 수 있거든요. 맨 앞에 있는 거위는 무척 힘들지만 다행히 교대해 준다고 해요.

새들의 아파트

아프리카의 검은머리작은베짜는새가 사는 나무에서는 한 그루에 100여 개의 둥지를 발견할 수 있습니다. 수컷은 해마다 짝을 찾아 알을 낳는데 처음 지은 둥지에서 암컷이 알을 품는 동안 다른 암컷을 유혹하기 위해 또 둥지를 지어요. 그런 식으로 한 마리의 수컷이 다섯 개의 둥지를 지어 다섯 마리의 암컷과 짝을 짓는 거예요.

도시에 사는 찌르레기

어떤 도시에서는 저녁 무렵 많은 새들이 모이는 모습을 볼 수 있어요. 찌르레기들이 잠자리에 들려고 모이는 거랍니다.

잠은 함께 자요

찌르레기는 같은 장소에서 밤을 보내기 위해 수만 마리가 모여요. 밤이 되면 항상 한곳에 모여 잠을 자고 날이 밝으면 흩어지지요.

뜨거운 도시의 밤

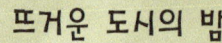

찌르레기가 도시에서 자는 이유는 도시가 숲보다 따뜻하기 때문이에요. 새들이 잤던 나무 밑에 차를 세워 놓은 사람들은 불평을 하지요. 어떤 도시에서는 확성기로 큰 소리를 내보내 찌르레기를 쫓아내기도 해요. 하지만 찌르레기들이 금세 소리에 익숙해져서 소용없답니다.

가족이 최고야

　가족 단위로 모여서 자는 찌르레기는 소리로 가족들을 찾아요. 찌르레기 가족마다 조금씩 다른 소리를 내거든요. 가족끼리만 쓰는 특이한 말투가 있는 것처럼요. 그 차이 덕분에 찌르레기는 수만 마리가 동시에 짹짹거려도 가족을 찾아갈 수 있지요.

남극의 황제

펭귄은 남극에 사는 새예요. 얼음 위에 수만 마리가 모여서 산답니다.

얼른 들어와. 시원하고 좋아!

펭귄의 난방 대책
펭귄들은 한데 모여 있으면 훨씬 따뜻하게 지낼 수 있어요. 기온이 영하 20도일 때도 무리 가운데에 있으면 체감 온도가 영상 30도를 웃돌거든요. 가장자리에 있는 펭귄은 덜 따뜻하겠지만 자주 자리를 바꾸니까 괜찮아요.

교대로 알 품기

펭귄은 둥지를 만들지 않아요. 암컷이 알을 하나 낳으면 수컷은 알을 발등 위에 올려놓고 품어요. 사냥을 떠난 암컷은 몇 주 후에 돌아와 먹은 걸 게워 내서 가족에게 나눠 줘요. 다음에는 수컷도 같은 방식으로 가족을 먹여요.

5분만 맡아 줘. 화장실 좀 갔다 올게…

펭귄마다 목소리가 달라요

얼음 위에는 수많은 펭귄이 모여 있기 때문에 가족을 잃어버리기 쉬워요. 그럴 때 펭귄은 소리를 내서 가족을 찾아요. 펭귄은 자리를 옮길 때에도 무리 안에서 계속 노래를 부르는데 펭귄마다 내는 소리가 제각기 다르기 때문에 상대 펭귄이 알아듣고 답가를 부르지요. 그렇게 서로를 찾는 거예요.

개구리 콘서트

봄이 되면 연못은 개구리 울음소리로 시끌시끌하죠. 하지만 제멋대로 부르는 것이 아니라 개구리 나름의 규칙이 있답니다.

수컷 개구리의 노래자랑

개구리는 수컷만 울어요. 암컷을 유혹하기 위해서지요. 그런데 개구리는 암컷보다 수컷이 많아 경쟁이 굉장히 치열해요.

따라 부르기

조용한 연못에서 개구리 한 마리가 울기 시작하면 다른 개구리들도 덩달아 울 때가 많아요. 경쟁에서 밀려 암컷 개구리를 놓치면 안 되거든요.

각자에게 어울리는 음색으로

연못에는 다양한 종류의 개구리들이 모여 살아요. 개구리들 사이에서 자신을 드러내려면 다른 개구리 소리와 다른 소리를 내야 해요. 라디오 방송국마다 다른 음악을 내보내는 것과 같지요. 어떤 개구리는 낮게 울고 어떤 개구리는 높은 음으로 울어요.

개구리의 짝짓기 전략

어떤 개구리는 늘 먼저 울어요. 이들은 리더 그룹이에요. 어떤 개구리는 절대로 먼저 울지 않지만 옆에서 울기 시작하면 따라 울어요. 후발대인 셈이죠. 이기적인 개구리도 있어요. 우는 개구리 옆에 조용히 있다가 암컷이 다가오면 가로챈답니다.

• 다른 무리보다 뒤늦게 출발하는 무리.

개미의 세계

꿀벌이나 흰개미처럼 개미 사회도 계급이 나누어져 있어요. 각자 맡은 역할이 정해져 있고 제멋대로 일을 그만둘 수도 없어요.

알 낳는 여왕

사회생활을 하는 곤충들은 여왕을 모시고 살아요. 곤충 세계에서 여왕은 신하들에게 명령을 내리는 신분이 아니라 번식을 담당하는 유일한 암컷이 되는 거예요.

만능 일꾼

생식 능력이 없는 일개미는 개미 사회에 필요한 일을 맡아서 해요. 먹이를 구하고, 집을 짓고 손보거나 애벌레를 돌보죠.

암컷의 왕국

개미 사회는 암컷만으로 이루어져요. 수개미는 여왕개미와 짝짓기를 한 후에 죽는답니다.

집단지성

한 마리의 개미는 단순하고 반복적인 일밖에 못하지만 개미 집단은 아주 복잡한 활동도 해낼 수 있어요. 즉, 개미 전체는 집단지성을 갖고 있는 거예요.

• 다수의 개체들이 서로 협력하거나 경쟁하여 얻은 지적 능력을 통한 집단적 능력을 말해요.

노예를 부리는 개미

사무라이개미는 애벌레를 키우지 못해요. 그래서 특공대를 조직하여 곰개미의 집에서 번데기를 훔쳐 와요. 붙잡혀 온 곰개미는 마치 자기 가족인 것처럼 사무라이개미의 애벌레에게 먹이를 먹이고 키워요.

군대개미

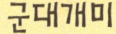

군대개미는 집을 짓지 않아요. 수백만 마리가 긴 행렬을 이루어 유랑 생활을 하죠. 아프리카에서는 모든 것을 망가트리는 군대개미의 행렬이 보이면 마을을 버리고 떠나기도 해요.

개미의 슈퍼군체

어떤 일개미는 근처의 다른 개미집으로 거처를 옮기고 마치 자기 집처럼 지내요. 이때 개미집은 그물망처럼 만들어지는데 이런 경우를 슈퍼군체라고 불러요. 지금까지 발견된 것 중 가장 규모가 큰 것은 아르헨티나개미의 슈퍼군체로, 이탈리아에서 프랑스를 지나 스페인까지 6,000킬로미터에 걸쳐 뻗어 있어요.

농사짓는 개미

가위개미는 식량으로 사용하기 위해 버섯을 재배해요.

규격대로 잘라야지

아마존 숲 속에서 마치 우산을 쓰듯 나뭇잎을 물고 가는 개미를 흔히 볼 수 있어요. 바로 가위개미랍니다. 식용 버섯을 재배하기 위해 나뭇잎을 모으는 거예요.

개미들의 분업

가위개미는 역할이 철저하게 나누어져 있어요. 나뭇잎을 모으는 개미, 운반하는 개미, 자르는 개미, 침을 섞는 개미, 2차 배양을 하는 개미, 오물을 씻는 개미 등이지요. 물론 이런 일개미들을 지키는 병정개미도 있답니다.

꿀벌의 일생

꿀벌도 개미처럼 여왕벌만이 생식을 담당하고 일벌은 일만 해요.

나이에 따른 업무

꿀벌이 하는 일은 나이에 따라 달라요. 번데기에서 깨어나 처음 이틀은 집 안을 청소하고, 3일째엔 애벌레에게 꿀을 먹이는 일을 하죠. 10일 후에는 벌집을 짓고, 20일이 지나면 집을 지켜요. 그 후로는 죽을 때까지 꿀과 꽃가루를 나르는 일을 한답니다.

꿀벌의 춤은 어떤 의미일까?

꿀벌은 먹이가 있는 꽃밭을 발견하면 다른 꿀벌에게 신호를 보내요. 만약 벌집에서 80미터 거리 안에 먹이가 있으면 원을 그리며 날고, 멀리 있으면 더 활발한 동작으로 8자 모양을 그려요. 먹이가 많을수록 벌은 더 힘차게 춤을 춰요.

건축가 흰개미

흰개미는 개미보다 조금 더 큰 곤충이에요. 개미처럼 사회를 이루고 살아가는데 흰개미 사회에도 계급이 있어요.

흰개미 사회의 계급

흰개미는 여왕 흰개미와 일꾼 흰개미, 병정 흰개미로 나누어져요. 병정 흰개미는 강력한 아래턱을 갖고 있어서 집을 지키는 데 알맞아요.

초고층 건물

흰개미의 몸은 몇 밀리미터밖에 안 되지만 9미터 높이의 집을 지을 수 있어요. 사람으로 치면 높이가 1킬로미터를 넘는 건물을 짓는 셈이랍니다.

설계도도 건축가도 없이

설계도도 없고 공사를 감독할 책임자도 없다면 건물을 짓기 어렵겠죠? 하지만 흰개미는 얼마든지 집을 지을 수 있어요.

무계획의 계획

흰개미는 옆에 있는 동료를 보고 무슨 일을 할지 결정해요. 어떤 흰개미가 흙을 가져오면 옆에 있는 흰개미가 흙을 단단하게 만드는 식으로요. 아무도 전체적인 계획을 세우지 않지만 결국 놀라운 결과물을 만들어 내요.

거미의 사회생활

거미는 보통 따로 살지만 몇몇 종류는 사회생활을 하기도 해요.

모두를 위한 거미집

꼬마거미의 일종인 아넬로시무스 에그지무스는 남아메리카 동북부의 기아나에 사는 작은 거미예요. 몸길이가 고작 몇 밀리미터이지만 몇 미터나 되는 집을 만들어 수만 마리가 함께 모여 산답니다.

완전한 평등

이 거미들의 사회에는 계급이 없어요. 여왕도 일꾼도 없이 모든 거미가 같은 일을 해요. 만약 거미줄에 먹이가 걸리면 모두 모여서 잔치를 벌여요.

동료에게 귀 기울이기

거미는 다리로 거미줄의 진동을 느껴서 거미줄에 걸린 동물의 위치를 파악해요. 하지만 이들의 거미집은 아주 크고 그곳에 살고 있는 거미가 많기 때문에 헷갈리지 않으려면 조직적으로 행동해야 해요. 그래서 거미들은 한꺼번에 이동을 해요. 앞으로 가다가도 진동이 느껴지면 모두 멈춰요. 그리고 또다시 동시에 움직이고요. 그래야 먹이가 걸렸는지 알 수 있거든요.

숲 속의 귀족, 사슴

수사슴은 암사슴 무리와 떨어져 지내다가 해마다 가을이 되면 짝짓기를 해요.

암사슴을 차지하기 위한 경쟁

수사슴은 암사슴을 만나기 위해 숲 속 공터에 모여요. 그리고 힘을 겨루기 위해 큰 소리로 울부짖어요. 수사슴의 울음 경연은 며칠 밤낮을 멈추지 않고 계속돼요. 먼저 울음소리가 약해지는 사슴이 지는 거예요.

경쟁자들의 시합

만약 승부가 나지 않으면 다음 종목에 도전해요. 두 마리의 수사슴이 상대에게 강한 인상을 심어 주려고 애쓰며 자태를 뽐내고 나란히 걷는 거예요. 이때 스스로 부족하다고 느낀 사슴은 기권해요. 아무도 패배를 인정하지 않을 경우에는 싸움으로 승패를 결정하기도 하지만 싸움까지 가는 일은 아주 드물어요.

사자의 한살이

가족들과 함께 지내는 암사자와 달리 수사자는 다 자라면 가족을 떠나요.

젊은 수사자의 방황

가족과 헤어져 떠돌아다니는 젊은 수사자의 가장 큰 목표는 암사자 무리를 유혹하는 거예요. 하지만 그러려면 그 무리를 지배하는 수컷을 몰아내야 해요. 목표를 위해서 여러 마리의 젊은 사자가 동맹을 맺는 경우도 있어요.

사자의 권력 투쟁

우두머리가 된 수사자는 이전 우두머리에게서 태어난 어린 수사자들을 모두 죽여요. 암사자들은 새 우두머리와 짝짓기를 하고 그 사자는 나이가 들어 또 다른 젊은 사자에게 쫓겨날 때까지 몇 년 동안 무리를 다스려요.

코끼리 왕국

코끼리는 무리에서 가장 나이 많은 암컷이 명령을 내려요.

코끼리의 연락 방법

아프리카의 사바나 지역은 드넓게 펼쳐져 있어 코끼리가 살기에 알맞아요. 이곳에서 코끼리는 몇 킬로미터씩 떨어져 있더라도 얼마든지 연락할 수 있지요. 주파수가 아주 낮은 초저주파를 주고받거든요.

사람에게는 들리지 않는 소리

초저주파는 수십 킬로미터 떨어진 곳까지 전해져요. 너무 낮아 사람의 귀에는 잘 들리지 않지만 코끼리는 잘 들을 수 있지요. 특히 코끼리는 짝짓기 때 초저주파음을 며칠 동안 계속해서 내요. 그러면 빨리 암컷을 만날 수 있어요.

하이에나와 리카온

하이에나와 리카온은 둘 다 아프리카의 사바나 지역에 살아요. 하지만 사는 방식은 서로 많이 달라요. 하이에나 사회는 서열이 있지만 리카온은 모두 평등하답니다.

개인주의자 하이에나

하이에나 무리에서는 암컷이 대장이에요. 하이에나는 사람처럼 웃는 소리를 내는데, 즐거워서 내는 소리가 아니에요. 즐겁기는커녕 기가 죽어 내는 소리랍니다. 하이에나가 웃는 것처럼 소리를 내면 상대에게 굴복한다는 뜻이에요.

동료와 나눌 줄 아는 리카온

리카온은 야생에 사는 갯과 동물이에요. 리카온은 무리 안에서 군림하거나 동료를 따돌리는 법이 없어요. 음식도 모두가 공평하게 나누어 먹지요. 사냥에서 돌아온 리카온은 약하고 병든 친구를 위해 미리 씹어 놓은 고깃덩어리를 나누어 줘요.

늑대의 울음소리

늑대는 한 쌍의 수컷과 암컷이 무리를 다스려요. 무리 중에서 우두머리 부부만 새끼를 가질 수 있지요.

영역을 알리는 소리

늑대는 울음소리로 유명해요. 길을 잃은 늑대는 울음소리로 동료를 찾을 수 있어요. 또 다른 늑대로부터 영역을 지키기도 해요. 아마 이런 뜻이겠죠. "이곳은 우리 땅이야. 우리가 차지했으니까 접근하지 마."

늑대의 꾀

늑대는 계속해서 음을 바꾸며 소리를 내요. '도미솔레' 하고 노래하듯 여러 음계를 사용하는 거죠. 이런 방법으로 서너 마리 늑대만으로 수십 마리가 모인 것 같은 소리를 낼 수 있어요. 늑대는 상대를 위협하기 위해 이런 방법을 써요.

쥐의 대인 관계

쥐는 사람들 사이에서 평판이 나쁘죠. 하지만 고도로 발달한 사회를 이루고 살아요.

오줌의 사회적 의미

쥐는 다른 쥐를 만나면 오줌을 묻혀요. 자신의 우월함을 드러내는 행위인 동시에 상대방이 같은 무리에 속한다는 걸 인정하는 뜻이기도 해요. 오줌에도 사회적인 의미가 담겨 있는 거죠. 쥐들한테는요.

쥐에게 수영이란?

쥐를 대상으로 실험을 했어요. 수영하는 걸 싫어하는 쥐들에게 먹이를 구하려면 반드시 물을 건너야 하는 상황을 만들고 어떻게 하는지 관찰했답니다. 생물학자들은 이 실험을 통해서 쥐들의 세 가지 유형을 알아냈어요.

첫째, 자립적인 쥐예요. 이 쥐들은 먹이를 찾으러 가서 자기가 구한 것을 먹어요. 둘째로 봉사하는 쥐예요. 이 쥐들은 헤엄쳐서 먹이를 가져오지만 다른 쥐들에게 빼앗겨요. 마지막으로 남을 이용하는 쥐예요. 이 쥐들은 절대로 먹이를 찾으러 가지 않고 다른 쥐가 가져온 것을 훔쳐 먹기만 해요.

쥐와 인간

같은 실험을 사람에게도 했더니 똑같은 유형의 행동이 관찰됐어요. 자립적인 사람과 봉사하는 사람, 다른 이들을 이용하는 사람이 있었지요. 설거지처럼 귀찮지만 꼭 해야 하는 일을 할 때 이런 모습을 관찰할 수 있어요.

벌거숭이두더지쥐의 계급 사회

벌거숭이두더지쥐는 포유류 중 유일하게 개미나 벌처럼 계급 사회를 이루는 동물이에요.

벌거숭이두더지쥐란?

벌거숭이두더지쥐는 이름과는 달리 쥐도 아니고 두더지도 아니에요. 털이 없고 큰 앞니를 가진 작은 포유류로 아프리카 동부에서 살아요.

이 젊은이가 뭐라는 건가?

요즘 애들이 쓰는 말은 통 모르겠어.

쿵!

이봐, 그만해!

땅속에서의 생활

벌거숭이두더지쥐는 땅속에 깊은 굴을 파고 수백 마리가 집단을 이루며 살아요. 다른 굴에 연락을 할 때는 머리를 바닥에 부딪쳐 진동을 보내요.

여왕 중심의 사회

벌거숭이두더지쥐는 개미처럼 여왕 혼자서 번식을 맡고 있어 여왕은 두세 마리의 수컷과 짝짓기를 하지요. 다른 벌거숭이두더지쥐들은 생식 능력이 없답니다.

타고난 굴 파기 선수

벌거숭이두더지쥐는 함께 땅굴을 파요. 앞에서 땅을 파서 뒤로 흙을 보내면 뒤에 있는 동료가 발로 밀어내지요. 그 뒤에 또 다른 동료가 흙을 받아 또 뒤로 보내고 이 과정은 흙을 완전히 밖으로 내보낼 때까지 계속되어요.

농장의 동물들

농장에서 키우는 동물들도 사회를 이루며 살아요. 동물들을 잘 키우려면 여러 모로 신경을 써야 해요.

가축들의 서열

농장에서 키우는 소, 닭, 말 같은 가축들에게도 서열이 있어요. 가장 사납고 튼튼하며 경험이 많은 동물이 우두머리로 뽑혀요.

행복한 농장 생활

소나 닭, 돼지도 감정이 있다는 사실을 알고 있나요? 가축들도 사회를 이루고 살며, 혼자 있으면 외로워하고 낯선 동물을 만나면 스트레스를 받는답니다. 가축을 키우려면 따뜻하게 보살피고 이러한 부분까지 챙겨 줘야 해요.

파뉘르주의 양 떼

'파뉘르주의 양 떼'란 생각 없이 남을 따라 한다는 뜻으로 16세기 프랑스의 작가 라블레의 소설에서 유래되었답니다. 배 안에서 양을 잔뜩 싣고 가던 상인 댕드노와 말다툼을 한 파뉘르주는 앙갚음을 하려고 양을 한 마리 사서 바다에 던졌어요. 그러자 다른 양들도 모두 바다로 뛰어들었고 댕드노는 아끼던 양들을 몽땅 잃고 말았지요.

양처럼 멍청하다?

양들이 다른 양을 무작정 따라 한다고 해서 멍청하다고 생각하면 안 돼요. 언제 닥칠지 모르는 위험으로부터 자신을 보호하기 위한 행동이거든요.

닭장 속의 평화

서로 모르는 암탉들을 한 공간에 두면 싸워요. 하지만 암탉들은 곧 누가 더 센지 판단하고 기억한답니다. 싸우지 않으려면 힘센 암탉에게 길을 비켜 줘야 해요.

닭이 블로그를 운영한다면?

닭은 서로를 잘 알아봐요. 심지어 닭에게 다른 닭의 발이나 부리 사진만 보여 줘도 어떤 닭인지 알아봐요. 닭들의 사회 지능이 발달했다는 증거지요. 그렇기 때문에 좁은 닭장 속에 가두어 키우는 공장식 양계장은 닭에게 굉장히 잔인한 것이에요.

개와 고양이

고양이는 개보다 사회적이지 않지만 완벽하게 인간 사회에 적응했어요.

늑대에서 개로

개의 조상은 늑대예요. 늑대 사회에는 서열이 분명하게 정해져 있어요. 그래서 개도 서열에 민감해요. 개가 주인을 따르는 이유는 우두머리로 인정하기 때문이에요. 만약 서열이 정해지지 않으면 개가 자신이 더 우월하다고 여기고 주인의 말을 듣지 않을 거예요.

인간을 위해 짖는 개

개는 짖지만 개의 조상인 늑대는 짖지 않아요. 이유가 뭘까요? 개가 짖는 건 인간에게 길들여졌다는 증거예요. 인간은 주로 소리로 의사소통을 하기 때문에 개가 인간에게 의사를 표현하려면 짖는 것이 가장 좋은 방법이거든요. 우리는 개가 짖는 의미를 정확히 이해하지 못해도 개가 언제 공격적인 태도를 보이고 언제 두려워하고, 즐거워하는지 쉽게 알아차릴 수 있어요.

고독한 울음

개를 혼자 두면 구슬프게 울어요. 바로 조상인 늑대에게 물려받은 습관이죠. 늑대는 무리로부터 떨어지지 않기 위해 울음소리를 내요. 개도 도움을 요청하려고 운답니다. 이런 말을 하는 거죠.

"애들아, 나 길을 잃었어. 다들 어디 갔어?"

냄새를 맡으면 안다

개는 다른 개의 엉덩이 냄새를 맡는데, 이 냄새가 일종의 신분증이에요. 냄새를 맡으며 개는 상대에 대한 모든 정보를 파악해요. 암컷인지 수컷인지, 친한 개인지 전혀 모르는 개인지, 동지인지 적인지를 알아보죠. 길거리에서 다른 개가 남긴 흔적을 봐도 마찬가지예요. 냄새를 맡으면 동네 개들의 소식을 알게 된답니다. "그 녀석이 최근에 여길 지나갔군.", "내가 모르는 녀석이 나타났네."

고양이의 가르랑 소리

가르랑거리는 소리는 원래 새끼 고양이가 엄마 고양이한테 내는 소리지만, 다 큰 고양이도 주인 앞에서 아기처럼 굴기 때문에 가르랑거려요. 먹이를 주니까 엄마로 생각하는 거예요. 고양이의 가르랑거리는 소리는 이런 뜻이에요. "저는 아직 아기예요. 엄마, 저를 보호해 주세요."

인간의 친척, 원숭이

유인원은 모두 사회를 이루고 살아요. 정절을 지키는 부부도 있고 수컷이 여러 암컷을 거느리는 경우도 있어요.

오랑우탄, 은둔자의 삶

오랑우탄은 아시아에 사는 유인원인데 암컷만 새끼들과 함께 지내요. 수컷은 혼자 살면서 짝짓기할 때에만 암컷을 만나요.

부부가 함께하는 긴팔원숭이

긴팔원숭이는 일부일처를 지켜요. 수컷 긴팔원숭이는 한 마리의 암컷과 평생을 함께하지요. 긴팔원숭이는 아침마다 사람의 목소리와 비슷한 긴 울음소리를 내요. 자신의 영역을 지키기 위해 우는 것이지만 여기에는 사회적인 역할도 있어요. 아침에 함께 노래하다 보면 서로 사이도 좋아지지 않을까요?

고릴라와 후궁들

수컷 우두머리 고릴라는 '은색 등'이라고 불려요. 나이가 든 수컷 고릴라의 등에 하얀 털이 나기 때문이지요. 우두머리 고릴라는 수십 마리의 암컷을 거느리고 새끼들과 어울려 모여 살아요.

가부장적인 개코원숭이

개코원숭이도 수컷이 여러 암컷을 거느리고 살아요. 한 집단에 여러 가족이 모여 살지요. 사이좋게 지내기 위해서 수컷 개코원숭이들은 서로를 존중해요. 수컷끼리 마주치면 상대의 어깨를 두드리며 이렇게 말하죠. "이봐, 진정해. 나는 네 친구야. 네 여자 친구를 빼앗지 않을 거야."

침팬지의 외교와 전략

침팬지도 수컷이 여러 암컷을 거느려요. 수컷들은 호시탐탐 우두머리 자리를 노리는데 화해를 할 때는 포옹을 하고 서로의 몸에서 이를 잡아 줘요. 우두머리의 이를 잡아 준다는 것은 복종한다는 뜻이에요.

보노보의 다양한 짝짓기

피그미침팬지라고도 불리는 보노보는 인간과 가장 비슷한 습성을 가진 동물로, 암컷이 수컷을 다스려요. 보노보의 가장 두드러진 특징은 사랑을 너무 좋아한다는 점이에요. 보노보는 화해하거나 긴장을 풀게 할 때, 그리고 싸움을 피하기 위해 짝짓기를 한다고 해요.

동물로서의 인간

인간은 영장류에 속해요. 다른 유인원들과 신체 구조나 행동이 닮았지만 인간들만의 독특한 사회를 이루고 살지요.

더불어 산다는 것

멀리 떨어져 혼자 사는 사람들도 더러 있지만 대부분의 사람들은 모여 살아요. 해변에서도 아무도 없는 곳보다는 사람들이 보이는 장소를 선호하죠. 유행이라는 것도 사실은 서로 더 닮아 보이려고 애쓰는 것이랍니다.

집단의 위험

집단을 이루면 위험해질 수도 있어요. 혼자서는 할 수 없는 나쁜 행동도 하게 되니까요. 여럿이 있으면 책임을 덜 진다고 생각하기 때문이죠. 프랑스 가수 조르주 브라센스는 '사람이 넷 이상 모이면 나쁜 짓을 하게 마련'이라고 노래했죠. 한번쯤 생각해 볼 만한 가사예요.

인간의 사회

인간 사회는 아주 다양하고 또 계속 변해 가고 있어요. 개미처럼 노예를 부리기도 했고 개코원숭이처럼 한 우두머리가 독재를 하기도 해요. 집단의 구성원 모두가 주인이 되는 민주주의도 있지요. 인간이 동물과 다른 점은 자유 의지가 있다는 거예요. 그래서 인간은 사회를 바꿔 나갈 수 있답니다.

부록

* 권오길 선생님이 들려주는 동물 이야기
* 동물 사회에 한 걸음 다가가는 퀴즈

■ 권오길 선생님이 들려주는 동물 이야기

개구리와
두꺼비의 합창

『더불어 살아가는 동물들의 사회』를 읽고 사회를 이루어 살아가는 다양한 동물들에 관해 잘 알게 되었나요? 함께 생활하면 천적이 나타났을 때 빨리 알아차릴 수 있고 적의 공격으로부터 조금 더 안전합니다. 또 먹이를 구하기도 수월할 뿐 아니라 동료들끼리 서로 도움을 주고받을 수도 있죠. 이렇게 무리를 지어 생활하는 동물들에게 중요한 것 중 하나는 의사소통입니다. 많은 동물들이 소리를 내어 정보를 나누고 잃어버린 가족을 만나거나 짝을 찾지요.

  우리 주변에서도 소리로 소통하는 사회적 동물을 쉽게 만날 수 있습니다. 시골의 여름밤, 풀벌레 소리를 뚫고 우렁차게 울리는 소리가 있지요. "개굴개굴! 꽉, 꽉!" 눈치 챘나요? 이 시끌벅적한 음악회의 주인공은 바로 개구리와 두꺼비입니다. 개구리와 두꺼비처럼 어려서는 물에서 살다가 커서는 땅 위에서 생활하는 동물들을 양서류라고 해요. 맹꽁이와 도롱뇽도 모두 물속에서 태어나 육지에서 사는 양서류에 속합니다. 여기에서는 개구리와 두꺼비를 중심으로 이 동물들의 습성과 울음소리에 숨겨진 의미를 알아보겠습니다.

함께 자라고, 함께 노래하는 개구리

'개구리 중의 개구리'라 일컬어지며 우리가 논이나 밭 주변에서 흔히 보는 개구리가 바로 참개구리입니다. 몸길이는 6~9센티미터로 암컷이 수컷보다 조금 크고, 몸 빛깔은 사는 환경에 따라 녹색이나 갈색을 띱니다. 등에는 보통 세 개의 줄이 있으며, 온몸에 검은 점들이 퍼져 있습니다. 수컷은 턱 아래에 좌우 한 쌍의 울음주머니가 있어 소리를 내지르지만 암컷은 소리를 내지 못합니다. 또한 짝짓기 철에는 수컷의 앞다리 엄지발가락에 큰 혹이 생겨 그것으로 암컷을 부둥켜안는데 이 혹이 있는지, 없는지에 따라 개구리의 암수를 구별할 수 있지요.

참개구리는 주로 논두렁이나 밭두렁의 들쥐 굴에서 겨울나기를 하며, 따뜻한 4~5월이 되면 못자리나 논·연못 등지에 지름이 20센티미터에 달하는 둥그런 알 덩어리를 물속에 잠긴 상태로 산란합니다. 알에서 깨어난 올챙이는 긴 꼬리로 헤엄을 치며 주로 이끼 같은 식물성 먹이를 먹고 자라는데, 점차 꼬리가 사라지면서 육식성으로 바뀌어 거미·지네·파리처럼 움직이는 벌레들을 잡아먹습니다. 이것을 개구리의 탈바꿈(변태)이라고 합니다.

★ 쉿! 참개구리가 사냥을 하려고 해요.

  개구리들은 올챙이 적부터 수십 마리가 떼를 지어 살아갑니다. 이때 같은 어미의 알에서 깨어난 올챙이끼리는 서로를 알아볼 수 있다고 합니다. 한 수조에 다른 두 암컷 개구리의 알에서 태어난 올챙이들을 섞어 놓으면 이내 두 무리로 나뉜다고 해요. 이렇게 태어난 지 얼마 되지 않은 어린 동물들은 어떻게 친족을 알아내는 것일까요? 여러 가지 이유를 추측해 볼 수 있습니다.

태어나자마자 몸을 비비며 같이 지내다 보니 자연스럽게 가까워졌을 수도 있어요. 또 친족끼리의 냄새나 특별한 몸의 표지와 무늬, 색깔로 친족과 비친족을 구분하는 것일 수도 있고, 처음부터 인지 인자를 가지고 태어나 배우지 않고도 본능적으로 터득한 것일 수도 있지요. 동물학자들은 동물들이 친족과 비친족을 구분하는 이유를 서로를 알아봄으로써 근친교배를 막기 위해서라고 설명합니다.

개구리들은 생존을 위해 무리를 지어 생활합니다. 긴긴 여름 해가 지고 어스름 내리는 초저녁 무렵부터 밤이 이슥하도록 논에 사는 참개구리는 무리 지어 와글와글 합창을 합니다. 한 녀석이 울기 시작하면 모두 따라서 개굴개굴하다가 어느 순간 울기를 딱! 그치지요. 그리고 얼마 있다가 또 목이 쉬도록 울지요. 이것은 천적을 혼란스럽게 만드는 개구리들의 방법입니다. 어슷비슷한 개구리들이 동시에 울어 대니 천적은 개구리들이 어디에 숨었는지 헷갈려 잡기가 힘들지요. 이 얼마나 멋있는 혼란 작전인가요!

"개굴개굴" 하고 우는 참개구리와 달리 나지막하면서도 음침하게 "꾹~! 꾸~욱!" 하고 우는 개구리도 있어요. 바로 무당개구리입니다. 무당개구리는 우리나라, 중국, 러시아 등 아시아에서

★ 무당개구리를 만나면 조심하세요! 독을 가지고 있거든요.

사는 개구리로, 대부분 고도가 조금 높은 산간 계곡에서 볼 수 있습니다. 배가 붉고 두꺼비처럼 등에 작은 돌기가 두둘두둘 나 있는데, 모습이 빨갛고 울긋불긋한 무당의 치맛자락을 닮았다고 해서 '무당'개구리라는 이름이 붙었지요. '무당거미', '무당벌레'도 얼룩덜룩한 색깔 때문에 붙은 이름입니다.

그런데 이런 강렬한 모습의 무당개구리는 혹여 천적에게 잡히거나 주눅이 들면 우스꽝스럽게도 슬그머니 벌러덩 드러누워 뻘

★ 위협을 느낀 무당개구리가 뒤집어져 죽은 척하고 있네요.

건 배를 드러내고는, 네 다리를 허우적대다 지레 죽은 시늉을 합니다. 그리고 이러한 모습으로 포식자가 떠나기를 기다립니다. 죽은 것은 먹지 않는 천적의 습성을 이용한 것이지요. 뿐만 아니라 위험하다 싶으면 느닷없이 피부에서 불투명한 흰빛 독액을 좍 분비합니다. 이 독은 다른 동물의 심장이나 신경계에 치명적이라 하니 작은 개구리라 얕봤다가는 큰코다치기 쉽지요.

물가가 아닌 나무 위에서 사는 개구리도 있습니다. 청개구리는 올챙이에서 개구리가 된 뒤로는 짝짓기나 산란을 위해 개울로 내려오는 경우를 빼고는 나무 위나 풀숲에 머무릅니다. 그래서 서양 사람들은 청개구리를 '나무 개구리'라고 부릅니다. 우리나라에 사는 청개구리는 몸길이가 2.5~4센티미터 남짓한 작은 체구에, 등에는 녹색 바탕에 진한 녹색 또는 흑갈색 무늬가 보호색 역할을 해 가만히 숨어 있으면 여간해서 찾기 어렵습니다. 위장 도사인 셈이지요. 청개구리는 이파리나 나뭇가지를 타는 데 유리하도록 덩치가 작고 호리호리합니다. 수컷은 큰 울음주머니가 있는데 산란기나 비 오기 전 습도가 높은 날에는 이 나무 저 나무에서 와글와글 옹골차게 울어 젖힙니다.

청개구리의 특징 중 하나는 바로 발의 모양입니다. 물가에 사는 개구리들은 모두 뒷발가락 사이에 물갈퀴가 있는데, 청개구리는 나무에서 주로 살아 헤엄칠 필요가 없기에 물갈퀴가 사라졌습니다. 하지만 물갈퀴가 없어진 대신에 꽤 길쭉해진 발가락 끝에 얇고 넓적한 손톱 꼴의 돌기(뾰족하게 나온 도드라진

★ 풀잎을 닮은 청개구리예요.
이 나무에서 저 나무로 폴짝폴짝 뛰어다니지요.

★ "벌써 봄이 왔나?"
막 겨울잠에서 깨어난 청개구리는 갈색빛에 쪼글쪼글한 피부를 가지고 있어요.

부분)가 생겼고, 돌기에는 끈적끈적한 점액이 묻어 있어 나무나 풀 위로 폴짝 뛰면 찰싹, 짝짝 달라붙습니다. 환경에 적응하면서 진화를 한 결과지요.

칼바람이 불어오려 하면 물가에 사는 개구리는 잘 얼지 않는 냇물에, 참개구리는 따스한 굴속에 떼 지어서 기척 없이 겨울나기를 하는데 청개구리는 바보같이 가랑잎 홑이불 속에 몸을 파묻습니다. 연두색 몸도 거무죽죽해지고 죽은 것처럼 비쩍 깡말라 버려 손으로 건드려도 땡땡 얼어 꿈쩍도 않지요. 그러나 가을에 벌레를 흠씬 잡아먹어서 몸 안에 기름기를 그득히 비축해 놓고 있는 터라 그것으로 열을 내어 죽지 않고 겨울을 견딥니다.

짝을 찾는 두꺼비의 사랑 노래

두꺼비는 장마철이면 산길에 어슬렁거리다 발에 차일 만큼 흔했지만 요새는 보기 힘들어졌습니다. 두꺼빗과의 양서류에 속하며 무게는 20~80그램 정도로 암컷이 수컷보다 훨씬 큽니다. 두 눈은 개구리처럼 우뚝 솟았고, 눈동자가 가로로 찢어졌습니다. 살갗은 가죽처럼 질기고 딱딱하여 보습이 잘 되기에 산자락과 같이 건조한 곳에서도 살고, 피부색은 그때그때 주변 색과 비슷하게 변해 숨기에 알맞습니다.

두꺼비 몸에는 사마귀같이 잔잔하고 도드라진 혹이 한가득 나 있는데 눈 뒤쪽으로 귀밑샘이라는 독 샘이 있습니다. 옛날 독일의 바이올린 연주가들은 연주를 하기 전에 두꺼비를 만져 손바닥에 땀이 나지 않게 했다고 합니다. 그러나 많은 양의 독을 먹으면 커다란 개도 죽을 수 있다고 하니 조심하세요.

산란기가 되면 갈색이던 암컷의 등이 붉어지고 수컷은 짙은 회색을 띠어서 서로 구별됩니다. 두꺼비는 양지바른 산자락에서 겨울나기를 하다가 날씨가 풀리는 4월 즈음엔 우물쭈물할 틈도 없이 서둘러 수 킬로미터나 되는 정해진 산란 터(바로 자신이 태어난 물가)로 떼를 지어 엉금엉금 앞다퉈 기어 내려옵니다. 수컷들이 미리 와 자리를 잡고 "꽉, 꽉!" 하고 울면 시끌벅적한 사랑 노래를 들은 암컷들도 앞서거니 뒤서거니 몰려옵니다. 이

★ "두껍아 두껍아 헌 집 줄게, 새집 다오~" 노래의 주인공 두꺼비예요.

제 수컷끼리는 아등바등 한껏 힘을 겨룹니다. 그리고 마침내 승리한 수컷이 암컷을 차지합니다.

  짝짓기를 마친 암컷 두꺼비는 비교적 물살이 약한 산간 계곡 주변의 수초나 돌에 밤을 새워 600개 이상의 알을 줄줄이 낳습니다. 열흘 정도면 알에서 올챙이가 깨어나는데, 변태를 거쳐 다리가 생긴 어린 두꺼비들은 부모가 살던 산으로 오릅니다. 막 땅으로 올라온 두꺼비는 천천히 움직이기 때문에 뱀이나 새의 먹이가 되는 경우가 많아요. 하지만 이러한 두꺼비들로 인해 생태계의 먹이 사슬이 유지된다고 하니 두꺼비는 생태계를 지켜 주는 고마운 동물이지요.

동물 사회에 한 걸음 다가가는 퀴즈

1. 계급이 있는 사회의 특징은 무엇일까요?
① 새끼를 돌보지 않는다.
② 모두가 평등하다.
③ 우두머리와 따르는 무리로 나뉜다.

2. 유일하게 번식을 하는 개미는?
① 일개미
② 여왕개미
③ 병정개미

3. 나무에 둥지를 짓는 까만 새는 무엇일까요?
① 갈까마귀
② 떼까마귀
③ 홍학

4. 사냥을 담당하는 사자는?
① 암사자
② 수사자
③ 부부가 같이

5. 암컷 한 마리가 여러 수컷과 짝짓기를 하는 것을 무엇이라 하나요?
① 일부다처
② 일처다부
③ 다부다처

6. 일부일처인 유인원은?
① 긴팔원숭이
② 고릴라
③ 개코원숭이

7. 레크란 무엇일까요?

① 수컷을 유혹하려고 암컷들이 모이는 것.

② 암컷을 유혹하려고 수컷들이 모이는 것.

③ 암컷과 수컷 들이 모여 동시에 짝짓기하는 것.

8. 물고기들이 모여 있으면 어떤 장점이 있을까요?

① 물속에서 덜 심심하다.

② 더 빨리 헤엄칠 수 있다.

③ 천적의 공격으로부터 보호받을 수 있다.

9. 가젤이 꼬리를 쳐드는 것은 무슨 의미일까요?

① 오늘 비가 온다.

② 위험하니 조심해라.

③ 안녕, 난 암컷이야.

10. 다음 중 암컷이 우두머리인 동물은?

① 코끼리

② 쥐

③ 일본원숭이

11. 보노보는 싸움을 막기 위해 어떤 행동을 할까요?

① 달리기 경주를 한다.

② 서로 눈을 바라본다.

③ 짝짓기를 한다.

12. 무리 안에서 떨어져 있는 펭귄은 서로를 어떻게 찾을까요?

① 소리를 내서

② 걷는 모양으로

③ 깃털의 색으로

13. 공생은 어떤 관계일까요?
① 두 종류의 동물이 도움을 주고받는 것.
② 두 종류의 동물이 뭔가를 같이 하는 것.
③ 한 동물이 다른 동물을 이용하는 것.

14. 다음 중 곤충처럼 계급이 있는 포유류는?
① 원숭이
② 비버
③ 벌거숭이두더지쥐

15. 개와 늑대의 공통점이 아닌 것은?
① 서열이 정해져 있다.
② 혼자 있으면 구슬프게 운다.
③ 짖어서 의사를 표현한다.

16. 인간 사회의 특징은?
① 대부분의 인간들은 멀리 떨어져 혼자 산다.
② 인간은 자유 의지가 있어 사회를 바꿔 나갈 수 있다.
③ 전 세계 어디서나 같은 모습의 사회를 이루고 있다.

17. 다음 중 양서류가 아닌 동물은?
① 맹꽁이
② 도롱뇽
③ 뱀

18. 올챙이의 특징으로 알맞은 것은?
① 떼를 지어 몰려다닌다.
② 파리나 귀뚜라미 같은 곤충을 주로 먹는다.
③ 위험을 느끼면 함께 울어 댄다.

19. 무당개구리가 천적을 만났을 때 하는 행동이 아닌 것은?
① 몸을 크게 부풀려 위협한다.
② 뒤집어져 배를 드러내고 죽은 척한다.
③ 독액을 분비한다.

20. 두꺼비들이 떼 지어 물가로 이동하는 이유는?
① 먹이를 찾기 위해
② 겨울잠을 자기 위해
③ 짝짓기를 하기 위해

정답
1.③ 2.② 3.② 4.① 5.② 6.① 7.② 8.③ 9.② 10.① 11.③ 12.① 13.① 14.③ 15.③ 16.② 17.③ 18.① 19.② 20.③

더불어 살아가는 동물들의 사회

초판 1쇄 발행 2013년 4월 19일
초판 2쇄 발행 2014년 9월 4일

글쓴이 안토니오 피셰티
그린이 클레오 제르맹
옮긴이 박상은
감 수 권오길
펴낸이 한혁수

기획·편집 정은혜, 김인혜, 김채은
디자인 이이환
마케팅 김남원, 최혜정, 남소라
제작관리 김남원

펴낸곳 도서출판 다림
등 록 1997. 8. 1. 제1-2209호
주 소 150-038 서울시 영등포구 영신로 220 KnK디지털타워 1102호
전 화 (02) 538-2913 팩 스 (02) 563-7739
다림 카페 cafe.naver.com/darimbooks
전자 우편 darimbooks@hanmail.net

ISBN 978-89-6177-071-2 73490
     978-89-6177-045-3 (세트)

이 책 내용의 일부 또는 전부를 사용하려면 반드시
저작권자와 도서출판 다림의 서면 동의를 받아야 합니다.
책값은 뒤표지에 있습니다.